AF494430

NOCES D'OR

de

MONSIEUR L'ABBÉ FLICHE

CURÉ DE FOURDRINOY

4 Juillet 1889

NOCES D'OR

DE

Monsieur l'abbé FLICHE

CURÉ DE FOURDRINOY

4 Juillet 1889

Hautes et sublimes sont les fonctions du prêtre catholique : Que nous le considérions dans l'exercice de sa mission divine ou sociale, appelant à l'admirable lumière de l'Évangile une notable ou une infime portion du troupeau dont Jésus-Christ est le souverain Pasteur, le prêtre nous apparaît toujours grand par sa dignité qui surpasse toutes les dignités de la terre car son empire est sur les âmes, grand par sa puissance à laquelle les anges et Dieu lui-même obéissent. Pieusement agenouillé d'abord devant son évêque pour recevoir l'onction qui le consacre prêtre, à peine le lévite du Seigneur s'est-il relevé qu'une auréole de gloire commence à l'environner ; s'il reste le fils bien-aimé en qui Dieu met ses complaisances, s'il grandit devant les hommes par la sainteté et la vertu comme son divin modèle, comme le vrai prêtre Jésus-Christ, cette auréole de gloire qui l'environnait au jour trois fois béni de son ordination grandira en même temps. Combien plus resplendira-t-elle alors au front du vénérable vieillard qui porte depuis un demi-siècle avec une dignité soutenue le noble fardeau de son redoutable ministère ! Dire ce qu'est, au regard de la foi, cette gloire du prêtre à qui Dieu n'a pas refusé l'honneur de le servir pendant cinquante ans, n'est pas en notre pouvoir, décrire seulement ce qu'apporta de joies saintes et de douces émotions le cinquantenaire du sacerdoce d'un prêtre vénérable entre tous et qui nous est bien cher, nous voudrions l'essayer pour l'édification d'une paroisse privilégiée, pour la consolation des siens, de sa pieuse famille, de ses nombreux amis, heureux témoins d'un jour à jamais mémorable.

Le 4 juillet 1889, la paroisse de Fourdrinoy, au diocèse d'Amiens, voyait s'ajouter une grâce insigne à la chaîne des grâces dont Dieu la comblait depuis longtemps. Le digne prêtre qui la dirige arrivait au jour désiré qu'une santé fort délicate ne lui permettait pas d'espérer atteindre jamais, étant donné surtout son grand âge : M. l'abbé Pierre Fliche pouvait célébrer ce jour-là, à quatre-vingt-trois ans, le cinquantième anniversaire de sa première messe.

A propos de cet âge que nous disons avancé et qui certainement laisse entendre que notre vénérable jubilaire ne reçut l'onction sacerdotale que très tard, nous aurions garde de passer sous silence ce qui est à son honneur, et de taire les vrais motifs d'une ordination si tardive. Pourquoi ne pas dire de suite que l'humilité a toujours été le caractère distinctif de ce bon prêtre, l'humilité qui consiste à se croire indigne de tout, de toute prévenance, de toute attention, de toute dignité? Comment dès lors, malgré ses plus ardents désirs qui se faisaient jour dès l'enfance par la piété la plus tendre, malgré les exemples d'un saint frère, ne se serait-il pas cru indigne de l'honneur le plus grand que Dieu puisse faire à sa créature? Aussi bien, pour accorder les vues de son humilité avec le zèle qui le dévorait de travailler pour Dieu, nous le voyons entrer dès l'adolescence chez les frères de la doctrine chrétienne, prêt à se rendre utile aux âmes mais dans une situation plus ignorée. Dieu conduit tout, dit la sainte Écriture « avec force et suavité ». Il a dirigé manifestement cette vie, tout en la parsemant d'épreuves qui n'ont servi qu'à ses desseins. Le cher frère avait donné la mesure de son humilité, le Seigneur devait l'exalter. *Exaltavit humiles.* Condamné comme poitrinaire, celui qu'à son insu nous louons fut forcé de quitter l'Institut où il pensait trouver sa voie et se rendit chez son frère, curé de Matigny, au doyenné de Ham. Là, en peu de temps, la Providence permit qu'il se rétablit; alors, croyant entendre un appel plus pressant, il se résolut avec courage, non sans avoir demandé conseil, à commencer des études qu'il savait ne devoir se terminer que bien tard. Ceci nous explique comment l'humble M. Fliche ne reçut qu'à trente-trois ans la prêtrise et avec cet honneur qu'il n'osait ambitionner le droit de monter au saint autel.

Maintenant, à cinquante ans de distance, nous pou

vons bien le dire ici, n'est-ce pas comme miraculeux que cette santé si frêle et cette constitution si débile se soient soutenues ? Dieu n'a-t-il pas voulu nous montrer par là qu'Il est bien Celui qui ouvre et qui ferme, qui donne et qui retient, qui dispense à son gré les faveurs et qui déjoue les prévisions humaines. Marie d'autre part, l'intermédiaire de ses grâces, n'a-t-elle pas fait sentir il y a quelques années à notre vénéré confrère, dans un pieux pèlerinage, à Lourdes même, l'effet de sa maternelle protection en le préservant désormais de cette faim répétée qui amenait des défaillances subites et faisait craindre que ses jours ne pussent être prolongés. Oui, telle est notre conviction, c'est par une marque spéciale de la bonté divine que le cycle de ces cinquante années de sacerdoce s'est trouvé révolu et qu'il nous a été donné d'assister à l'une des plus touchantes fêtes qu'une paroisse chrétienne puisse inscrire dans ses annales.

La paroisse de Fourdrinoy se devait à elle-même d'honorer, en ce glorieux anniversaire du 4 juillet, le vénérable prêtre qui, depuis quarante années, lui consacrait sans relâche son temps, ses peines, ses veilles, ses prières. Elle le fit certainement avec spontanéité et pour répondre à l'invitation pressante qui lui fut adressée le dimanche précédent par le collaborateur dévoué sur lequel s'appuie et s'appuiera longtemps encore la vieillesse du bon curé. Dans toute paroisse, même celle où l'homme ennemi a semé abondamment l'ivraie, il y a toujours des âmes à qui la reconnaissance ne pèse pas comme un fardeau et qui sont heureuses, quand arrivent ces jours, bien rares dans la vie du prêtre, d'un triomphe et d'une joie, de former au prêtre qu'elles vénèrent un cortège d'amour et d'honneur. Ces hommages si légitimes ne manquèrent pas, redisons-le, à M. l'abbé Fliche dans la solennité de ses noces d'or.

Le jeudi 4 juillet avait été choisi pour la célébration du cinquantième anniversaire de son ordination sacerdotale. Ce jour, Dieu le fit beau ; il l'éclaira des splendeurs de son soleil le plus radieux, comme pour le mettre en harmonie avec les sentiments de joie qui étaient au cœur des bons habitants. En entrant dans la paroisse chacun des invités de cette belle fête pouvait se dire : Nul doute, c'est bien un jour que le Seigneur a fait : *Hœc dies quam fecit Dominus*. Malgré des travaux pressants, rien ne se voyait de cette activité qui anime ordinairement nos campagnes à cette heure matinale et surtout à cette époque de l'année,— c'était le calme, comme on le voudrait voir plus souvent le dimanche, avant l'heure du saint sacrifice où chacun est appelé à remercier Dieu, recueillir son âme dans la prière et la rafraîchir dans la pensée du ciel. Enveloppée de ce calme si propice, la paroisse de Fourdrinoy se disposait à rendre grâces à Dieu pour le bienfait de ces cinquante années départies à son vénérable curé et dépensées presque toutes à son service.

Sous la direction de M. l'abbé Berly, vicaire de la paroisse, les derniers préparatifs extérieurs s'achevaient au portail de la vieille église, à l'entrée du presbytère, — et nous rendons volontiers hommage au bon goût de ces décorations de verdure que dominait la croix, au choix de ces devises si appropriées à la circonstance, — quand tout à coup la voix de la cloche se fit entendre.

N'était-ce pas comme la voix du bon curé appelant solennellement tout le peuple confié à ses soins, appelant ses amis à la joie d'un sacrifice plus mémorable d'actions de grâces que tous ceux qui l'estiment et le vénèrent devaient offrir avec lui ? Combien l'ont ainsi compris ! Combien ont entendu son appel et ont voulu réjouir son cœur ! Ils viennent, aussi nombreux qu'on pouvait l'espérer, des extrémités de la paroisse, ayant à leur tête M. A. de Dompierre d'Hornoy, maire de la commune et dont la famille s'honore à pareil jour par la présence remarquée de plusieurs de ses membres ; aucun de MM. les Conseillers de Fabrique n'aurait voulu s'abstenir et nous les trouvons tous prêts à s'unir à l'imposant cortège des vénérés confrères, dignitaires du clergé, amis de vieille date, accourus, quelques-uns de bien loin, pour former une couronne de sympathies au vénérable Jubilaire. Tous les prêtres du canton de Picquigny eussent désiré répondre à l'affectueuse invitation de leur collègue et s'édifier une fois de plus en contemplant le saint vieillard que tous regardent comme l'exemplaire de la vie sacerdotale, mais la coïncidence du jour choisi avec une solennité patronale en retint forcément quelques uns dans leur paroisse. La grande majorité toutefois de ces pieux confrères se trouvait là avec son chef, disons mieux, avec son Père si justement estimé et aimé, M. le Doyen de Picquigny, qui revendiquait pour lui-même la joie de présider cette touchante cérémonie, toute à l'honneur de son canton. Notre intention n'est pas de signaler tous ceux qu'une vieille amitié ou une affectueuse reconnaissance avaient amenés à Fourdrinoy pour prendre part à la joie commune, mais, auprès de M. l'abbé Cantrel, Doyen de Picquigny, Chanoine honoraire,—nous ne voudrions pas l'oublier, — on était heureux de voir M. le Doyen de Molliens-Vidame accompagné de son frère chanoine et Doyen dans le diocèse de Meaux, le bon Père Richourg dont la paroisse a plus d'une fois expérimenté le zèle, M. l'abbé Dive, curé de Gorenflos, filleul du vénérable M. Fliche, M. l'abbé Bellettre, vicaire de la cathédrale, etc. (1).

Enfin le moment est venu, pour toute cette foule qui se presse aux abords de l'église et dans laquelle se distinguent d'anciens et toujours dévoués paroissiens de Cavillon, de se porter au devant du héros sympathique de cette fête.

La cloche jette de nouveau ses notes joyeuses et la procession que préside M. le Doyen de Picquigny, assisté de M. le Curé de la Chaussée et de M. le Curé d'Yseux, sort de l'Eglise pour parcourir la très petite distance qui sépare cette dernière de la demeure presbytérale. Un groupe d'enfants, de jeunes filles vêtues de blanc que conduit la chère sœur communale, religieuse de la Sainte-Famille d'Amiens, fait partie du cortège au

(1) Qu'on nous permette de noter ici la présence d'un enfant du pays enlevé prématurément à l'affection de sa famille, l'abbé Magnier entré l'an dernier au grand séminaire d'Amiens. Le bon curé de Fourdrinoy, son premier maître, heureux alors de voir en partie le couronnement de ses derniers labeurs, se prit à dire le *Nunc dimittis* ; il ne se doutait pas que ce jeune séminariste dût, hélas ! si peu de temps après la douce fête de sa cinquantaine le précéder au ciel.

milieu duquel se déploient également les bannières des saints Protecteurs de la paroisse. Bientôt la procession s'arrête sur le seuil de cette maison sanctifiée par le bon prêtre, devenue même depuis deux ans comme un sanctuaire nouveau, d'où s'exhalent chaque jour pendant l'auguste sacrifice les vœux ardents de sa prière. Qu'il est beau alors de contempler ce vieillard chargé d'années et de mérites, tout émotionné lui-même à la vue de ces honneurs qui ne lui semblent pas dûs et dont il a hâte de rendre à Dieu la gloire ! Revêtu de ses ornements sacerdotaux, le cierge à la main comme au jour lointain de sa première messe, il ne veut plus qu'on retarde ses saints désirs. Semblable en tout à l'apôtre de la charité, Saint Jean, — lequel, dans sa vieillesse, se faisait porter jusque dans l'assemblée des fidèles, — lui aussi appuie sa faiblesse sur les bras obligeants de deux frères dans le sacerdoce qui n'auraient pas laissé à d'autres ce ministère digne des Anges et il part triomphalement escorté, il part dans une humilité qui ne le quitte pas, — regardez plutôt l'attitude de ce saint prêtre, — mais aussi dans l'allégresse, car une fois encore et pour la gloire de Dieu il parcourt ce chemin qu'il a si souvent parcouru, le chemin qui mène à sa chère église, témoin discret, pendant quarante années, de ses larmes, de ses joies, de ses sacrifices, de ses prières.

Cette chère église, est-il besoin de le dire ? par l'industrieuse activité du prêtre qui lui a été donné pour coadjuteur, notre bon M. Fliche, en pénétrant dans son enceinte, la voit tout ornée, toute rayonnante en sa plus belle parure de fête. Quelles émotions pour son cœur ! L'harmonie de l'orgue accueille à son entrée le ministre du Seigneur, — plus harmonieux encore est le chant de joie, le « *Magnificat* » du peuple, pendant que le digne pasteur avance vers l'autel pour y commencer son sacrifice de louanges et d'actions de grâces.

Nous parlions d'émotions : pourrions-nous jamais décrire celles qui envahissent l'âme du saint curé, quand, après s'être pieusement recueilli, il se prépare à gravir les degrés de cet autel. Depuis quelques années, par une permission que justifient amplement son âge et sa faiblesse, il ne célèbre plus les saints mystères à la paroisse, mais au jour providentiel de son cinquantenaire il semble avoir recueilli tout ce qu'il a de force, quoique toujours fraternellement soutenu par M. le Curé de Gorenflos, pour célébrer à l'autel même d'où il a tant de fois béni son peuple. Quelle joie pour tous de l'y revoir encore et pour lui, après un demi-siècle, de pouvoir redire en toute vérité : *Je m'approcherai de l'autel du Seigneur, de Celui qui renouvelle les consolations de ma jeunesse sacerdotale* ! L'une des plus grandes consolations pour un pieux serviteur de Marie n'était-ce pas de faire passer par cette Divine Mère les effusions de sa reconnaissance envers Dieu ? Le bon Curé de Fourdrinoy la connut et si ce furent les infirmités qui lui valurent le privilège de dire à pareil jour la messe *De Beatâ Virgine* il n'en fut pas moins heureux que ce privilège lui donnât le droit de saluer Marie dès le commencement de l'Introït comme l'interprète de sa reconnaissance : *Salve, Sancta Parens*. Pendant que cet autre Moïse dont on soutient les bras défaillants poursuit sa prière, tout ce peuple de frères, de paroissiens, d'amis appelle sur le saint vieillard les grâces d'en haut. A peine s'est terminé l'admirable « *Veni Creator* » que du haut de la tribune et avec le plus suave accompagnement la voix vibrante de M. le Curé de Riencourt se fait entendre. M. l'abbé Dubois y met toute son âme et l'assistance surprise, charmée, écoute alors avec une satisfaction visible les strophes d'une cantate dont la musique est due au talent de M. l'abbé Friant, vicaire de Roye et dont les paroles sont de M. l'Abbé Cotterelle, Professeur au Collège de la même ville, inspiré dans la circonstance par l'amitié et la vénération. Ce fut une jouissance pour le cœur et l'esprit d'entendre cette belle Cantate, si bien interprétée ; ne pouvant la louer comme elle le mérite, nous faisons mieux en la donnant ici comme elle nous a été transmise.

I

Cinquante ans ! quel beau jour que ce jour solennel !
Où le Ciel vous marqua d'un divin caractère !
Ce jour où le Pontife, assis près de l'autel,
Consacra vos deux mains pour le saint ministère !
Le voyez-vous encor, ce jour plein d'allégresse,
Où l'Éternel voulut recevoir vos serments ?
Le Dieu qui réjouit alors votre jeunesse,
Vient à vous aujourd'hui bénir vos cinquante ans !

II

Cinquante ans ! que de fois par vos pieuses mains,
Jésus ne s'est-il pas offert en sacrifice ?
Combien de fois du Ciel, parcourant les chemins,
N'a-t-il pas de son Père apaisé la justice ?

O prêtre, levez-vous, montez au sanctuaire,
Reprenez le calice entre vos doigts tremblants,
Et rendez grâce à Dieu dans une humble prière,
De tous les biens reçus pendant vos cinquante ans !

III

Cinquante ans ! que de fois envoyé du Très-Haut,
N'avez-vous pas jeté la divine semence ?
Que de fois votre cœur à votre humble troupeau
N'a-t il pas dit ces mots qui donnent l'espérance ?
La semence est tombée dans une terre bonne,
Elle a germé brillante aux sillons de nos champs,
Et ses beaux épis d'or ont fait une couronne,
Au front du laboureur après ses cinquante ans.

IV

Cinquante ans ! que de fois, ange consolateur,
Votre voix du mourant a calmé les souffrances !
Que de fois vous avez endormi sa douleur.
En lui parlant du Ciel et de ses espérances !
Et voici que là-haut, fières de leur victoire,
Ces âmes au Seigneur vous nomment dans leurs chants,
Et préparent pour vous ce trône où dans la gloire,
Le Ciel doit couronner un jour vos cinquante ans !

V

Les voyez-vous passer sous vos heureux regards,
Ces pieux souvenirs de vos longues années ?
Ces pauvres, ces mourants, ces enfants, ces vieillards,
Aimables visions vers le ciel envolées !

Visions du passé, charme de la jeunesse,
Prêtez-nous votre voix, unissons nos accents,
Et pour ces noces d'or chantons dans l'allégresse,
Gloire au prêtre de Dieu ! gloire à ses cinquante ans !

L'auguste sacrifice s'est continué. Dieu seul sait avec quelle ferveur et quel attendrissement le bon curé a prié pour tout ce qui lui est cher : la gloire de Dieu, le salut de son âme, les paroisses qu'il a évangélisées, les siens, ceux qui l'ont précédé dans la vie ou qui l'entourent encore de tant de sollicitude. Heureux étions-nous alors nous-mêmes, dans cette atmosphère de piété, dans ce religieux silence qu'interrompait seulement l'harmonie de l'orgue, de nous unir à d'aussi ardentes prières avant de recevoir l'une de ces bénédictions qui portent bonheur comme celle du patriarche sur sa nombreuse postérité. A cette bénédiction tous s'inclinent : qui ne la désire quand elle tombe des lèvres pures et des mains vénérables d'un prêtre aimé de Dieu ? Puis, le « *Sub tuum* » solennel est chanté comme pour assurer la protection de la Vierge secourable aux dernières années d'une vie sacerdotale si bien remplie. Il ne manque plus à ce jubilé du saint prêtre qu'un couronnement, c'est la voix même du peuple chantant au Seigneur sa reconnaissance. Elle déborde, elle se manifestera tout à l'heure dans la langue liturgique de l'Eglise, mais il faut auparavant qu'un interprète autorisé la proclame au nom de tous et, pour l'édification de tous, nous redise, avec les joies de ce jour les lecons salutaires qui en découlent. Ce parfait interprète de nos sentiments nous l'avions dans la personne du vénéré Président de cette fête, M. le Doyen de Picquigny. Nul n'avait connu plus longtemps le bon Curé objet de tant d'hommages ; nul n'avait contemplé de plus près les ascensions dans la vertu de ce vrai prêtre selon le cœur de Dieu ; nul ne pouvait mieux apprécier la valeur d'un semblable trésor donné à son canton et spécialement au peuple de Fourdrinoy. Aussi est-il impossible de dire avec quelle religieuse et sympathique émotion fut écouté le très beau discours que nous sommes heureux de reproduire ici pour la satisfaction de ceux qui n'auraient pu l'entendre.

Sanctificabis quinquagesimum annum, ipse est enim Jubilæus. (Deut. 25).

Vous sanctifierez la cinquantième année et qu'elle soit pour vous une année de Jubilation et de joie sainte.

« S'il est, en effet, mes Frères, des anniversaires de triste et douloureuse mémoire, s'il se rencontre dans la vie des dates funèbres n'éveillant dans les âmes que de pénibles souvenirs, il est aussi, grâce à Dieu, d'heureux aniversaires, des jours bénis entre tous les jours et qui n'apportent avec eux que la joie et l'allégresse, et tel est bien le mémorable anniversaire que votre vénéré Pasteur célèbre aujourd'hui et qu'il a voulu marquer et sanctifier par une messe solennelle d'action de grâces conformément à ce précepte : *Sanctificabis quinquagesimun annum.* Il y a cinquante ans qu'à pareil jour et au lendemain de sa consécration sacerdotale, il montait pour la première fois au saint autel, cinquante ans que pour la première fois il prononçait d'une voix émue et tremblante les paroles mystérieuses qui ont reçu la puissance d'ouvrir les Cieux et d'en faire descendre parmi nous le Saint des saints, Jésus-Christ le Verbe de Dieu, notre Sauveur à tous. Et quel moment, mes frères, que celui-là, dans la vie d'un simple mortel! quelles émotions et quels tressaillements dans l'âme et le cœur du nouveau prêtre! de tels moments ne devraient pas être comptés parmi ceux qui composent l'existence humaine, car ils forment une heure véritablement à part, un de ces jours que le Seigneur a faits et qui appartiennent plus à la vie de l'éternité qu'à celle du temps. *Hæc dies quam fecit Dominus.*

Eh bien, c'est le cinquantième anniversaire de ce jour, de cette heure, de ce moment sans égal dans la vie, qu'a voulu célébrer votre vénérable curé et que l'Eglise qui nomme si bien toutes choses appelle les noces d'or du prêtre catholique.

Vous avez voulu, mes frères, vous associer aux émotions et aux joies si légitimes d'un pareil jour, vous avez voulu en cette solennelle circonstance donner à votre vieux Pasteur un témoignage de vénération de reconnaissance et de filial amour. Et nous, ses frères dans le sacerdoce et ses amis, nous sommes accourus, quelques-uns de loin, pour l'entourer de toutes nos sympathies et de nos vœux les meilleurs et, s'il se peut, ajouter encore à sa joie et à son bonheur en venant les partager avec lui.

Et c'était, messieurs et mes frères, c'était justice qu'il en fut ainsi, car voilà plus d'un demi-siècle que ce vétéran du sanctuaire est devenu pour le clergé du diocèse et en particulier pour les prêtres de ce doyenné un modèle accompli de piété, de zèle, de régularité de vie, de douceur évangélique et de dévouement absolu aux intérêts de Dieu, de l'Eglise et des âmes. Et pour vous, habitants de cette paroisse, pour vous dont il est le pasteur depuis près de quarante ans, que n'a-t-il pas été et que n'a-t il pas fait! quel zèle n'a-t-il pas déployé pour le bien, pour la sanctification et le salut de vos âmes et celles de vos enfants! n'ai-je pas le droit de dire et de dire bien haut qu'il a été constamment pour vous le bon Pasteur, que vos joies ont été ses joies, vos tristesses et vos douleurs, ses douleurs et ses tristesses? Et qui pourrait dire le nombre de ceux dont il a, au cours de son long ministère, soulagé l'infortune, consolé les douleurs, relevé les espérances, adouci et sanctifié les derniers moments ? et aujourd'hui encore, que les infirmités de l'âge l'ont condamné au repos, vous n'avez pas cessé, je le sais, d'être le premier objet de ses pensées, de ses sollicitudes, de ses prières. Tandis que son jeune et pieux auxiliaire combat vaillamment le bon combat et se dépense sans réserve pour vos familles et pour vous, lui, nouveau Moïse, retiré dans la solitude, il élève à toute heure vers le Ciel ses mains défaillantes et chaque jour, au saint autel, il appelle sur vous, sur vos travaux, sur vos entreprises, sur tout ce qui vous est cher en ce monde, les bénédictions du Seigneur. Aussi n'avez-vous point voulu, vous tous qui êtes là, vous montrer oublieux et ingrats et je vous en félicite hautement, car rien ne révèle mieux dans une âme des sentiments délicats et élevés que la reconnaissance pour les bienfaits reçus. Et pourtant, laissez-moi vous le dire en terminant, il est un témoignage de gratitude qui sera plus doux encore à son cœur de prêtre et de pasteur et qu'il attend de vous, c'est que vous entouriez encore de plus de respect et d'amour la religion sainte dont il vous a rappelé si souvent les enseignements et les préceptes, c'est que vous ne négligiez rien pour la transmettre à vos enfants, cette religion divine, comme leur plus précieux héritage, vous souvenant bien que sans elle, sans sa douce et salutaire influence, il ne leur resterait plus guère que des passions sans frein, des égarements sans retour, des souffrances sans consolation, une vie sans dignité et sans honneur, parce qu'elle ne serait plus qu'une vie sans vertu et sans espérance. Oh ! vous ne lui refuserez pas cette consolation, la meilleure qui se puisse rencontrer pour lui ici-bas et qui lui sera comme un avant goût des joies saintes et pures et de l'inaltérable félicité qui l'attendent dans les Cieux. Mais, daigne la divine Bonté retarder de longs jours encore cette récompense afin de la rendre plus sûre et plus belle ! que de longs jours encore il soit conservé à l'affection de sa famille, à l'édification de sa paroisse et à l'amitié de tous ses frères dans le sacerdoce, ainsi se réalisera le vœu qui est en ce moment dans nos cœurs à tous et que je résumerai dans ces trois mots : *Ad multos annos* !!!

Après cette touchante allocution le peuple ému se lève, le « *Te Deum* » de son action de grâces retentit ; et, quand les derniers versets de l'hymne ont été chantés, le cortège d'honneur qui accompagnait M. Fliche à son entrée dans l'Eglise se reforme pour reconduire triomphalement le digne Pasteur à son presbytère. Pour lui, le cher presbytère, où, connu de Dieu seul la plupart du temps, il a multiplié ses prières et ses peines, c'est bien le vestibule du Ciel, et pourtant, qu'il semble bon à tous de l'entendre redire, en union de cœur avec ceux qui l'entourent, ces paroles du psaume alors chanté : *Conserva me Domine quoniam speravi in te.* « Conservez-moi, Seigneur, parce que j'ai mis en vous mon espoir ; conservez-moi encore à ce peuple ! « C'était, sous une autre forme, la parole de résignation du grand saint que l'Eglise d'Amiens honorait en ce même jour du 4 juillet, saint Martin. Comme l'illustre thaumaturge, le bon Curé de Fourdrinoy dut exprimer au Seigneur les mêmes vœux : « Si je suis encore nécessaire, ô mon Dieu ! je ne refuse pas le labeur. *Si adhuc populo tuo sum necessarius non recuso laborem.* Mon exil se prolongera, sinon dans le ministère de la parole, du moins dans celui de la prière, jusqu'à ce que vous soyez la part de mon héritage ! *Dominus pars hœreditatis meœ.* » Puissent ces vœux, si conformes à ceux que tous formulaient au fond du cœur et que M. le Doyen avait exprimés si éloquemment, être exaucés ! Puisse cette vie déjà miraculeusement prolongée multiplier encore avec les années des mérites dont le monde a besoin, sans qu'il s'en doute, pour être sauvé et préservé de la juste colère de Dieu ! Puissions-nous enfin, avec le souvenir inoubliable de cette fête, nous rappeler nous-mêmes que les exemples du saint prêtre ne sont pas seulement à admirer, mais aussi à imiter !

*
* *

La cérémonie religieuse des Noces d'or de M. l'abbé Fliche était donc terminée laissant à tous, par les joies saintes ressenties, une impression durable. D'autres joies, non moins permises, étaient maintenant réservées à un cercle plus intime de parents, de confrères, d'amis dévoués. Parmi ces derniers, tous connaissent, dans l'hospitalière maison du bon Curé, la splendide et solitaire charmille qui termine le jardinet. C'est là, dans ce cadre merveilleux dont les tentures et les festins complètent l'ornementation, sous le plus délicieux ombrage, aux pieds de la Madone qui souvent a dû recevoir son salut, que le Pasteur heureux préside à des agapes fraternelles et saintement joyeuses.

Les absents avaient bien raison de regretter, à pareil jour, leur éloignement obligé ; on comprend facilement, par exemple, qu'un impérieux devoir pouvait seul retenir attaché à ses importantes fonctions, Mgr Vallet, premier aumônier du Lycée Henri IV, et nous savons combien était vif son désir de donner, par sa présence, un témoignage de haute estime à l'un de ses premiers et vénérés maîtres. Combien d'autres exprimèrent également leurs regrets dans les termes les plus heureux et les plus touchants? La prose même ne suffit pas à quelques-uns, qui, pour se mettre à la hauteur du sujet, prirent le noble langage de la poésie. De ce nombre était M. Joseph Prache, que notre vénérable jubilaire se glorifiait d'avoir eu comme premier enfant de chœur dans la paroisse de Biaches, où il exerça d'abord son zèle et où se conserve avec amour le souvenir de son nom et de ses vertus. La reconnaissance, une reconnaissance d'un demi-siècle, inspira à ce dévoué paroissien une épître en vers qu'il adressa à l'estimable nièce de son ancien Curé, et que nous nous plaisons à insérer ici. Ne fait-elle pas l'éloge du bon Curé, de celle qui lui a été donnée comme son Ange visible sur la terre, aussi bien que de l'auteur lui-même? C'en est assez pour nous croire autorisé à faire connaître ce qui n'était pas d'abord destiné à la publicité.

A MADEMOISELLE OLYMPE FLICHE

A L'OCCASION DU

CINQUANTENAIRE DE MONSIEUR FLICHE,

SON ONCLE,

CURÉ DE FOURDRINOY.

Je voudrais, aujourd'hui, vous écrire en beaux vers.
Comment accomplir ce miracle ?
J'ai beau me mettre, hélas ! la cervelle à l'envers,
Je ne puis surmonter l'obstacle.

Je n'ai pour m'inspirer qu'un vulgaire Apollon,
Un flageolet pour toute lyre,
Je ne puis qu'enfanter des vers de mirliton
Qui, sûrement, vous feront rire.

Vous êtes femme, vous, la muse vous sourit
Et sans peine le fier Pégase,
Par votre main dompté, doucement vous conduit
Jusqu'au sommet du Mont Parnasse.

Votre plume est d'argent et votre cœur est d'or.
Pour votre oncle quelle tendresse !
Quel exquis dévoûment, pur et touchant trésor
Dans lequel il puise sans cesse !...

Voyageur fatigué par le rude chemin
Qu'il a parcouru dans la vie,
Il a pour s'appuyer votre bras, votre sein,
Lui dont le front sous l'âge plie !

Déposez sur ce front si pur, si chargé d'ans,
Votre couronne poétique
Dont les nobles pensées, les suaves accents
Résonnent comme un doux cantique.

Cinquante ans consacrés au service de Dieu,
Au dévoûment, à la prière,
Au bonheur du prochain, à l'amour du saint lieu,
Oh ! quelle admirable carrière !...

Fêtez ces noces d'or, et les anges heureux
Mêleront leur joie à la vôtre
Pour honorer du Roi de la terre et des cieux
Le digne, bon et saint apôtre.

Cloche qu'il aime tant, joyeusement sonnez,
Répandez partout ses louanges !
Et vous, suave encens, en son honneur brûlez,
Parfumez les saints et les anges !...

Oui, cette fête est belle et grand est ce beau jour !
Livrez-vous tous à l'allégresse,
Formez autour de lui comme une cour d'amour,
Une auréole de tendresse !...

Dieu lui-même du haut du céleste balcon,
S'associant à votre fête,
Fera briller le soir l'illumination
Qu'à son firmament il apprête.

Et les saints, dans le ciel, en chantant tresseront
Pour lui l'immortelle couronne
Dont un jour l'Eternel ceindra son noble front
En le plaçant près de son trône !...

Un vieil ami de M. le Curé de Fourdrinoy, M. l'abbé Dorion, curé de la Chaussée-Tirancourt, s'était levé pour nous donner lecture de cette charmante Epître. Nous, les heureux témoins de cette fête, nous ne pouvions qu'applaudir à ces accents de la plus franche et la plus sincère cordialité, car c'était bien le cœur qui parlait. Ces sentiments d'ailleurs étaient nôtres aussi. Mais quelle ne fut pas notre surprise lorsque le même confrère, après cette première lecture, nous révéla que le trésor de ses intéressantes communications n'était pas épuisé ! Une bonne fortune venait de le mettre en possession d'une autre œuvre également dictée par le cœur, — il nous fut bientôt donné d'en juger ainsi. Fallait-il, dans un jour où Dieu lui-même glorifiait son serviteur en le conservant providentiellement jusqu'à ce glorieux cinquantenaire, fallait-il nous priver d'entendre, sur ce thème des vertus du saint prêtre, le plus affectueux et le plus véridique témoin comme il en avait été le plus continuel admirateur ? M. le Curé de la Chaussée ne le crut pas, et il fit bien. Dût s'alarmer un instant, chez sa nièce toute dévouée, une modestie, reflet de la modestie du cher oncle, nous entendîmes alors, dans un bien pieux et délicat langage, le chant de la reconnaissance et de l'amour. Nos lecteurs nous sauront gré de reproduire ici, dans toute son intégrité, cette suave composition qu'inspira la vérité, non moins que la tendresse. Nous nous reprocherions d'avoir défloré l'expression d'un seul de ces sentiments si vrais, et, puisqu'il nous a été donné de recueillir ces vers, nous voulons que tous jouissent et s'édifient en les lisant, comme nous avons trouvé joie et édification en les entendant. La dédicace en était tout naturellement :

A MON CHER ONCLE, POUR SES NOCES D'OR

MES PREMIERS ESSAIS

Mon étoile en naissant ne m'a point fait poète,
Cependant, pour chanter, cher Oncle, votre fête.
Mon esprit et mon cœur se sentant animés
Veulent vous consacrer ces méchants bouts rimés,
O mon cœur ! sois ma muse et mon seul interprète !

On a dit bien souvent, et moi je le répète,
Que vous êtes un saint, — j'en suis fière, ma foi, —
Je ne m'étonne plus, car, voilà bien pourquoi
Tout mon cœur est ému ; non, je ne saurais dire
La vénération que tout en vous m'inspire.

Aujourd'hui nous voulons célébrer vos vertus,
Et, nous unissant tous, prier le doux Jésus
De vous bénir surtout en ce jour de vos noces,
Et vous garder encor, Père, « Ad multos annos. »

Oubliez un moment, ô notre oncle chéri,
L'amertume qu'hélas ! on vous fait boire ici.
Voyez ces vrais amis qui, pour vous rendre hommage,
D'une franche amitié vous donnent témoignage
En venant de si loin pour vous fêter aussi
Et chanter avec vous le solennel merci.
Ils aiment à louer votre sainte prudence,
Votre aimable douceur et votre patience,
Votre entier dévoûment et votre charité.
Qui du Ciel et de tous ont si bien mérité !

Vous connaissez son zèle, ô Dieu ! pour votre gloire,
Et ce calice amer qu'avec vous il dut boire ;
Vous avez vu ses pleurs, entendu ses soupirs ;
Vous savez ses combats et tous ses saints désirs,
Ses efforts impuissants, d'autant plus méritoires
Qu'ils n'ont été suivis que de tristes déboires ;
Vous savez tout son cœur et connaissez sa foi,
Et sa pieuse ardeur à prêcher votre loi.
Oui, déjà sur son front j'entrevois l'auréole
De ceux qui du Seigneur ont gardé la parole.

De ce jour si charmant ô souvenirs pieux !
Inspirez à mon cœur des accents gracieux.
Père, qui plus que moi vous doit reconnaissance ?
Mais pour le dire, hélas ! grande est mon impuissance ;
Pour exprimer d'ailleurs mes tendres sentiments,
Je ne sais point avoir recours aux compliments ;
Mon cœur ne sait qu'aimer, c'est ma seule science.
O jour trois fois heureux, douce coïncidence !
Le baptême en ce jour vous fit enfant du ciel,
Et plus tard en ce jour vous montiez à l'autel.
Pour moi, je m'en souviens, ce double anniversaire (1)
Fut aussi le plus beau jour de ma vie entière,
Car Jésus descendit pour la première fois
Dans mon cœur, par vos soins instruit des Saintes Lois.

Sois des nôtres, Jésus, dans cette fête chère,
N'es-tu pas tout pour nous sur cette pauvre terre ?
Auprès de lui remplace un frère bien-aimé,
Une sœur, une mère, un père vénéré,
N'es-tu pas, ô Jésus, l'Ami de la famille ?
Pas de fête sans Toi, par Toi la gaîté brille.
Remplace les absents qui ne peuvent, hélas !
Joindre à nos vœux les leurs mais qui ne l'oublient pas.
Pour chanter notre ami, notre oncle, notre père,
Que ces prêtres aussi chérissent comme un frère,
Inspire mon esprit, et mon cœur et ma voix ;
Inspire mes accords et mes chants à la fois,
Rends nos transports joyeux, bénis notre allégresse,

(1) 26 mai, anniversaire de la naissance et de l'ordination de l'abbé Fliche ; 27 mai, anniversaire de son baptême et de sa première messe. Le 4 juillet 1889 n'a été choisi pour la célébration du cinquantenaire que pour la commodité de tous.

Fais régner dans nos cœurs une bien douce ivresse,
Laisse ma main tremblante esquisser au pinceau
Un pieux souvenir de ce jour tout nouveau (1).

En même temps encor nous fêtons la Saint-Pierre,
Car c'est aussi le nom de notre tendre père.
Exauce, ô bon Jésus ! tous nos vœux de bonheur;
Entends notre prière et console son cœur ;
Donne à ce père aimé, donne longs jours encore,
Qui soient du jour sans fin comme une belle aurore ;
En ce jour ravissant sois propice à nos vœux.
Vois, nos cœurs attendris de pleurs mouillent nos yeux ;
O bonheur le plus pur ! le plus doux de la terre !
Eh quoi ! ne serais-tu qu'une joie éphémère ?
Pourquoi si tard, hélas ! viens-tu nous réjouir ?
O temps ! suspends ton cours et laisse nous jouir !!

Si le Ciel a permis cette fête charmante,
Que ne devons-nous pas à sa bonté touchante ?
De ton Cœur, ô Jésus, oui, nous savons l'amour,
Et nous voulons au moins te payer de retour.
Dans ta douce bonté tu nous donnas un père,
Un oncle vénérable et, nous ne pouvons taire,
De toutes les vertus un modèle vivant.
N'est-ce donc pas pour nous le plus joyeux présent ?
Merci, merci, mon Dieu, de ta grande largesse,
Nos cœurs reconnaissants, pour bénir ta tendresse,
Chanteront ton amour et diront tes bienfaits :
Gloire à Toi, bon Jésus, gloire, amour à jamais.

(1) Allusion à une image faite à la main et destinée au vénérable Jubilaire.

Pour vos amis, pour moi, pour la famille entière,
O mon oncle ! de vous j'implore une prière :
Donnez-nous, s'il vous plait, la consolation
De recevoir aussi la bénédiction.
Et puis, un jour au Ciel formant votre couronne,
Nous, vos nièces, à qui par vous le Seigneur donne
De ses dons précieux le céleste trésor,
Oh ! nous vous aimerons et bénirons encor !

A cette lecture nous étions tous émus : Comment ne pas l'être, surtout quand nous nous reportions en même temps par la pensée aux jours qui précédaient? — Etait-il alors plus touchant spectacle ! — Voyez cet humble presbytère, saint comme la maison de Dieu. Un vieillard l'habite avec un ange visible qui depuis longtemps environne de soins et maintenant soutient sa vieillesse. Après cinquante ans d'un ministère laborieux et bien méritoire, il n'est que juste de rendre grâces à Dieu. La Grande Fête se prépare au dehors..., mais il est fête surtout au cœur de la nouvelle Ruth, et voilà pourquoi, sans rien oublier de ce triomphe extérieur qu'elle prépare au digne prêtre, son oncle, uniquement pour la satisfaction intime de son cœur, elle se prend à chanter sa joie et sa reconnaissance pour Dieu ; elle la chante dans le silence, à l'abri de tous les regards, en face de son vénérable modèle qui, à ce moment-là même, ignore quelle couronne lui est tressée, et par quelles mains dévouées ; elle la chante dans le secret : rien dans sa pensée n'en devait être connu que d'elle-même et de Dieu. Aussi, quand notre lecteur si bien choisi, — les abeilles de l'Hymette n'ont-elles pas cueilli, plus d'une fois, sur ses lèvres, un miel délicieux ? — quand notre confrère poète nous faisait sentir, par les inflexions de sa voix, les délicates beautés de ces vers si modestement désignés comme de premiers essais, nous ne savions ce qu'il fallait admirer le plus, ou d'une telle nièce donnée à un tel oncle, ou d'un tel oncle conservé à une telle nièce. Pouvions-nous, du moins, dans notre âme soulevée d'émotion, ne pas glorifier la Bonté divine qui nous avait permis de les connaître, aimer et apprécier tous les deux ?

L'estimable famille de M. le Curé de Fourdrinoy, — notamment ses nièces, dont l'une associe, depuis quelque temps déjà, son dévouement, disons le dévouement non moins sincère qu'affectueux de Marthe à celui de Marie, — avait trouvé l'interprête parfait de ses sentiments dans Mlle O. Fliche, qui nous pardonnera d'avoir révélé ce qu'elle aurait désiré tenir si discrètement caché.

Avant de se séparer, la nombreuse famille des amis conviés au banquet, voulut, elle aussi, et encore une fois, assurer de ses sympathies, accompagner de ses vœux le vénérable Jubilaire ; il lui était impossible de s'en acquitter mieux que par l'organe de MM. les Doyens de la Ferté et de Picquigny. Les quelques paroles de M. le Doyen de la Ferté furent approuvées de tous, et M. le Doyen de Picquigny, toujours bien inspiré, recueillit de nouveau, pour son toast plein de tact, notre très chaleureuse approbation. C'est alors que l'humble héros de cette fête se leva, et, en quelques mots prononcés d'une douce et imperceptible voix, mais où se trahissait une émotion bien visible, nous redit, avec son cordial merci, toute sa joie pour cette manifestation dont il ne se croyait pas digne et dont la gloire devait revenir à Dieu.

Telle fut à Fourdrinoy dans ses principaux incidents, bien qu'imparfaitement esquissés, la magnifique journée du 4 juillet. Elle laissera dans l'esprit et le cœur de ceux qui en furent témoins de délicieux et salutaires souvenirs. — Après avoir vu ce couronnement d'une carrière sacerdotale si belle aux yeux de Dieu, après avoir reçu longtemps la rosée du zèle, des prières, des exemples, des paroles enflammées d'un saint prêtre, la paroisse de Fourdrinoy ne saurait être une terre desséchée par le vent brûlant de l'ingratitude ni n'oserait s'exposer à l'anathème qui pèse justement sur les peuples infidèles à la grâce. Quand le Seigneur veut donner à une portion de son troupeau une marque de sa prédilection, Il lui envoie un ministre selon son cœur : grande à ce point de vue aura été la gloire de Fourdrinoy, immense aux yeux de la foi son privilège, grande sera par conséquent sa responsabilité. Les nombreuses années qu'elle a souhaitées à son digne Pasteur dans ce vœu souvent exprimé à pareil jour *ad multos annos*, la paroisse de Fourdrinoy, espérons-le, loin de les attrister par des défaillances au service de Dieu, les consolera plutôt par un accroissement de vie chrétienne. Pour nous qui sommes venus nous édifier en contemplant, au jour de ses noces d'or, le saint vieillard dont les héroïques vertus d'humilité, de patience, de charité, dans l'espace d'un demi-siècle et dans les fonctions d'un ministère bien difficile, ne se sont jamais démenties, nous ne pouvons que remercier Dieu du bonheur qui nous a été donné ! Les pures allégresses que nous avons goûtées dans cette fête, suivant la belle expression du Dante, « *emparadiseront* « désormais notre pensée et le parfum des vertus du bon curé viendra embaumer à jamais notre vie. Puisse cette petite relation trouver là son excuse et son utilité !

Amiens. — Imp. Rousseau-Leroy et Cie, 18, rue Saint-Fuscien.

www.ingramcontent.com/pod-product-compliance
Ingram Content Group UK Ltd.
Pitfield, Milton Keynes, MK11 3LW, UK
UKHW020523180726
13839UKWH00005B/2264